Der Wirtschaftskrieg

Von

Dr. C. A. Verrijn Stuart
ord. Professor der Nationalökonomie und Statistik an der
Reichsuniversität zu Groningen

Autorisierte Übersetzung aus dem Niederländischen

von

Hortense Bülbring-Kann

Bonn 1915
A. Marcus & E. Webers Verlag
Dr. jur. Albert Ahn

Druck: Otto Wigand'sche Buchdruckerei G. m. b. H., Leipzig.

Vorwort.

Die hier in deutscher Übersetzung vorliegende Rede hat Prof. Dr. C. A. Verrijn Stuart am 1. Februar 1915 in dem Groninger Studentenverein „Conamur“ gehalten, und alsbald darauf ist sie als Broschüre in zwei schnell aufeinanderfolgenden Auflagen unter dem Titel „De economische Oorlog“ bei Njigh & van Ditmar's Uitgevers-Maatschappij in Rotterdam erschienen. Sie bietet eine so klare und überzeugende Darlegung der wesentlichsten Ursachen und Ziele des gegenwärtigen Weltkrieges, daß sie auch in Deutschland Beachtung verdient. Besonders wertvoll ist sie, weil darin das objektive Urteil eines wirklich neutralen Ausländers und zugleich berufenen Fachmannes ausgesprochen und begründet ist. Auch wird sie willkommen sein, weil sie die in Deutschland ziemlich verbreitete Ansicht widerlegt, daß die öffentliche Meinung in den Niederlanden allgemein deutschfeindlich sei.

Der Niederländer ist gewöhnlich sehr selbständig und sehr kritisch in seinem Denken; er liebt es nicht, ein fremdes Urteil sich aufdrängen zu lassen. So erklärt sich die oft recht schroffe Ablehnung der deutschen Aufklärungsschriften im Anfang des Krieges.

Prof. Verrijn Stuart zeigt, daß es der ökonomische Gegensatz zwischen England und Deutschland und die darum von

England befolgte Politik waren, die zu diesem Kriege geführt haben; und daß ebenso die Mittel der englischen Kriegsführung und die englischen Kriegsziele großenteils wirtschaftlicher Art sind. Von der geplanten wirtschaftlichen Erschöpfung Deutschlands sei aber noch keine Spur zu merken.

So fügt er zu dem Glauben an das gute Recht der deutschen Sache den Glauben an den deutschen Erfolg.

Bonn, 19. Mai 1915.

Hortense Bülbring-Kann.

Der Wirtschaftskrieg.

Über einen Wirtschaftskrieg zu sprechen, ist für den Nationalökonomen wenig anziehend: sein Arbeitsfeld ist das Studium der menschlichen Wohlfahrtsbestrebungen und die Prüfung der Tauglichkeit der Mittel, die dieses Streben fördern können. Das Thema jedoch zwingt ihn, sich mit der Zerstörung materieller wie immaterieller Werte zu beschäftigen, welche jetzt in viel größerem Maße stattfindet als je vorher in der Geschichte der Menschheit. Es ist eine um so peinlichere Arbeit, als ich am Ende meiner Betrachtung kaum mit Bestimmtheit einen hoffnungsvollen Ausblick eröffnen kann.

Und doch läßt das, was wir jetzt erleben, gerade den National-Ökonomen nicht los. Denn das jetzige gewaltige Ringen ist ja vor allem gerade ein wirtschaftliches, in seiner Ursache, in der Weise, wie es vor sich geht, und in seinen wahrscheinlichen Folgen. Es ist wohl selbstverständlich, daß man bei den engen Grenzen einer Rede nicht danach streben kann, auch nur zu versuchen, diese Frage zu erschöpfen. Nur einige Proben aus der Fülle des Materials kann man geben; ich hoffe aber das, was mir die Hauptsache scheint, genügend beleuchten zu können.

Ehe ich zu meinem eigentlichen Thema komme, möchte ich einige Bemerkungen vorausschicken. Wer in einem neutralen Lande über den Krieg spricht, solange der Kampf tobt, muß selbstverständlich, in Dankbarkeit für die unschätzbare Wohltat der Neutralität, sich in dem, was er sagt, Zügel anlegen. Ich hoffe diese erste Pflicht nicht zu verletzen. Aber daraus geht nicht hervor, daß ein mürrisches und feiges Zurückhalten der eigenen Meinung über die Ursache und die Art des Krieges geboten sein sollte; so wird, glaube ich, in anderen neutralen Staaten (Skandinavien, Schweiz, um von den Vereinigten Staaten zu schweigen) die Pflicht der Neutralität auch nicht aufgefaßt. Auch in den Niederlanden nicht, wenn man sieht, was manche Zeitungen unbehindert ihren Lesern zu bieten wagen.

Doch wenn ich meine Meinung über diesen Krieg frei äußere, lege ich Wert darauf, gleich zu erklären, daß meine Absicht nicht ist zu untersuchen, wer für das, was in den spannenden Tagen vom 23. Juli bis 1. August geschehen ist, die Verantwortung trägt. Diese Aufgabe kann man ruhig späteren Geschichtsschreibern überlassen. Ihre Bedeutung scheint übrigens sehr leicht überschätzt zu werden. Aus näher zu erläuternden Gründen will es mir scheinen, daß der Krieg mit fataler Unabwendbarkeit ausbrechen mußte, und daß vielleicht ein anderes Auftreten von dieser oder jener Großmacht in den schwülen Sommertagen nur insofern Bedeutung gehabt haben könnte, als davon abhing, in welchem Augenblick die Gewehre losgingen. Bei der Bestimmung dieses Zeitpunktes hat jede Regierung, soweit sie darauf Einfluß auszuüben vermag, nur Rücksicht auf das eigene Landesinteresse zu nehmen, ohne daß sie darum in der Beurteilung von seiten derer, die diesen Krieg für unabwendbar halten, als mehr oder weniger kriegslustig zu gelten braucht.

In einer Hinsicht hoffe und vertraue ich, daß meine Auseinandersetzungen wirklich neutral sein werden: nämlich darin, daß ich meine persönlichen Sympathien unterdrücke. Das ist auch nicht so schwer, wenn man sich klar macht, wie Sympathien entstehen. Mitleid mit der bitteren Not der Kriegführenden, Dankbarkeit für ausgezeichnete Verdienste um die höchsten Güter der Menschheit, als da sind Wissenschaft, Kunst, Entwicklung der Technik, politische Befreiung usw.; Gefühl für Stammverwandtschaft und Zusammengehörigkeit; Bewunderung für ungebrochene Lebenskraft, für großzügige Einigkeit, wo es die Interessen des Vaterlandes gilt, und vor dem stillen Sichfügen in die grausamen Schädigungen des Krieges, alles dies kann die Ursache sein von entstehender oder stärker werdender Sympathie. Und es würde schwer fallen, unter all den kriegführenden Nationen eine zu finden, die aus diesem oder jenem Grunde unser Mitgefühl nicht beanspruchen könnte.

Man wird vielleicht auf Tatsachen hinweisen, die derartigen, an sich gewiß gerechtfertigten Sympathien Abbruch tun könnten. Doch ich meine, daß in dieser Hinsicht, besonders für die Niederländer, äußerste Vorsicht im Beurteilen geboten ist. Schon Prof. Simons hat vor urteilsloser Leichtgläubigkeit gewarnt, selbst vor dem Glauben an die Anklagen gegen den Feind auf Grund von durch verschiedene Regierungen selber angestellten Untersuchungen. Kontradiktorische Untersuchungen an Ort und Stelle können nicht stattfinden, und die „Psychologie der Aussage“ liefert reichliche Beweise dafür, daß auch Augenzeugen von erregenden Tatsachen im guten Glauben ganz falsche Aussagen machen können [1]). Späteren Untersuchern möge es vorbehalten sein, soweit es möglich sein wird, darzulegen, ob ein Teil der Kriegführenden in dieser Hinsicht mehr Schuld trägt als ein anderer.

Wenn übrigens Deutschland der Krieg aufgedrängt worden ist, ohne daß es ihn wünschte, so kann es sich für vieles, was sonst scharf zu verurteilen sein dürfte, auf Notwehr berufen, welche nach dem Gesetz aller Staaten Straflosigkeit zusichert, auch für Taten, die unter anderen Umständen schwer bestraft werden. Darf man die Zulassung der Notwehr auf das interne Gesetz der Einzelstaaten beschränken, und den unbestrittenen Rechtssatz „Not bricht Gesetz" etwa ergänzen wollen durch die Worte „aber keinen Vertrag"?

Außerdem haben die mitteleuropäischen Staaten es bisher fertiggebracht, den Krieg vorwiegend auf feindlichem Boden zu führen, zum Teil hart an der niederländischen Grenze. Dadurch kommt das unvermeidliche Elend des Krieges (welchen man nun einmal nicht human gestalten kann, weil das Wesen des Krieges inhuman ist) mit unerbittlicher Einseitigkeit auf Rechnung nur e i n e s Teils der Kriegführenden; und die Niederlande, weil sie von Flüchtlingen aus dem Kriegsgebiet überschwemmt sind, werden in dieser Hinsicht äußerst unvollkommen unterrichtet. Ist das Los von Ostpreußen, Galizien und der Bukowina weniger beklagenswert als das der Gegenden im Westen, wo der Krieg wütet? Was ist die Wir-

---

[1]) Hier möchte ich hinweisen auf den wichtigen offenen Brief, der voll von Tatsachen und Einzelheiten ist, welchen J. O'Donnel Bennet, Korrespondent der Chicago Tribune, im Dezember vorigen Jahres an Sir Arthur Conan Doyle gerichtet hat. Soviel ich weiß, ist dieser Brief in der niederländischen Presse nicht erwähnt worden.

kung der Dampfwalze, die, wie England und Frankreich im Anfang des Krieges hofften, sich in der Richtung nach Berlin und Wien bewegen sollte?

Wem tut nicht die Seele weh, wenn er von dem Elend in den vom Krieg verwüsteten Gegenden liest? Aber so paradox, so grausam es vielleicht auch klingen mag, die vom Krieg geschlagenen Wunden sind, wenn der Streit einmal ausgebrochen ist, nur die kleinere Seite dieses Ereignisses. Und ich bedaure es, daß unsere große niederländische Tagespresse dadurch, daß sie sich, besonders zu Anfang des Krieges, bemüht hat, das Kriegselend „litterarisch“ zu verwerten, die Aufmerksamkeit des niederländischen Volkes damit so überwiegend gefesselt hat, daß es für die gewaltige Größe der Zeit kein Auge hatte. Auch diese Einseitigkeit muß ihre Folgen einmal schmerzlich fühlbar machen.

Ich habe den Krieg als durch wirtschaftliche Ursachen hervorgerufen bezeichnet. Diese Behauptung werden diejenigen nicht gelten lassen, die diesen Kampf als gegen den deutschen (lieber sagt man noch preußischen) Militarismus gerichtet betrachten. Nun muß ich ehrlich bekennen, daß es mir nicht gelungen ist, dies Losungswort für den Krieg zu verstehen.

Wenn man das Wort Militarismus in dem Sinne auffaßt, daß es in einem Gegensatz, wenigstens einer Scheidung zwischen dem militärischen und dem übrigen Teil der Bevölkerung besteht, dann könnte man sich denken, daß er sich z. B. in England zeigte, wo nur ein kleiner Teil der Bevölkerung aus freiem Willen an der Verteidigung des Landes teilnimmt, ähnlich wie dies in früheren Zeiten (man denke z. B. an die napoleonische Zeit) auch sonstwo der Fall war. Aber in Ländern, wie in dem heutigen Frankreich oder Deutschland, wo die nationale Wehrkraft, weil sie auf allgemeiner, persönlicher Dienstpflicht der Männer beruht, das ganze Volk in allen seinen Schichten umfaßt, ist Militarismus in diesem Sinne einfach unmöglich. Hat sich in Deutschland nicht die erstaunliche Erscheinung gezeigt, daß neben seinen Millionenheeren im Anfang des Krieges sich noch fast 2 Millionen Freiwillige gemeldet haben, eine sehr viel größere Zahl, als die, welche Kitcheners Aufruf für den „service abroad", noch dazu in einem Lande ohne allgemeine Dienstpflicht, zusammenbrachte! Nirgendwo ist die Einheit von Volk und Heer so vollkommen wie gerade in Deutschland. Vernichtung des Militarismus in diesem Sinne würde Vernichtung des ganzen Volkes bedeuten.

Es wird natürlich auch in Deutschland wohl vorkommen, daß der Berufssoldat, Offizier wie Unteroffizier, wegen der grausamen Gefahren des Berufes gewisse Standesvorrechte beansprucht, die in Ländern, wo die Armee seit Generationen nur Garnisondienst zu leisten hatte, nicht gleich bewilligt werden würden. Ohne Zweifel ist es nicht groß gedacht, derartige Standesvorrechte zu beanspruchen; aber ebenso ist es kleinlich, den Kulturwert des deutschen Volkes nach den Äußerlichkeiten eines preußischen Leutnants zu messen.

Und versteht man unter Militarismus das Streben von Staat und Bürgern, über alle anderen Pflichten diejenige zu stellen, welche die größtmögliche Wehrkraft sichert, dann ist dies ein nicht nur für Deutschland wegen seiner geographischen Lage und seiner Geschichte unumgänglicher Grundsatz, sondern gilt für alle Großmächte. In einer seiner letzten Äußerungen stellt Graf de Mun (Bulletin des Armées 19. Aug.

1914) seinen Mitbürgern die Engländer hin als getrieben „durch die edle Sorge für ihre nationale Größe". Hat nicht England, bis in die jüngste Zeit die einzige wirklich imperialistische Großmacht, hinsichtlich der Waffe, von der seine Sicherheit hauptsächlich abhängt, unumwunden die Forderung gestellt, daß seine Flotte mindestens einer möglichen Vereinigung der Flotten zweier anderer Mächte überlegen sein müsse?

Es gibt nun einmal keine Macht über dem souveränen Staat. Er muß sich durch eigene Macht behaupten können, insofern er sich nicht auf Interessengegensätze anderer Staaten stützen kann. Nur auf die Macht des Rechtes zu vertrauen, ist ein Idealismus, der, wie sympathisch er im übrigen sein möge, in Wirklichkeit bittere Enttäuschung bringen muß. Im gewöhnlichen Rechtsverkehr wagt man es damit auch ebensowenig. Zweifellos werden die meisten rechtlichen und anderen Verpflichtungen erfüllt, ohne daß die Staatsmacht einzugreifen braucht. Aber schon die Tatsache, daß sie vorhanden ist, wirkt weit über ihren Machtkreis hinaus, und außerhalb der Fälle, wo man sie wirklich zu Hilfe rufen muß. Es ist gar nicht daran zu zweifeln, daß, wenn Gericht, Polizei und Heer aus einem Staat verschwänden, die Bürger selbst sich bewaffnen würden. Selbstverteidigung ist der höchste Instinkt für Staaten wie für Einzelpersonen.

Die so oft gezogene Parallele zwischen dem Rechtsverkehr der Völker und dem der Personen ist denn auch, weil bei den ersteren die unparteiischen Machtmittel fehlen, ein Vergleich zwischen zwei in Wirklichkeit unvergleichbaren Dingen.

Auch aus einem anderen Grunde. Wenn die Rechte oder Interessen von gewissen Personen mit den höheren Rechten oder Interessen des Staates in Konflikt kommen, so gibt es Mittel und Gesetze, um die der ersteren zum Weichen zu bringen. Man denke an das Enteignungsverfahren. Was kann man in solchen Fällen im Völkerrecht daneben stellen? Wenn z. B. die höheren Interessen der Menschheit fordern würden, daß Frankreich von dem Kolonialbesitz, den es sich in viel größerem Umfange erobert hat, als es imstande ist, zur vollen Entwicklung zu bringen, einen Teil an andere abtrete, welche Mittel gäbe es dann, dies durchzusetzen?

Schließlich, kann jemand ernstlich glauben, daß ein Krieg, so wie er jetzt geführt wird, das Mittel sein kann, den Militarismus irgendeines der beteiligten Staaten zu vernichten? Die Homöopathie pflegt nach dem Grundsatz minimaler und nicht maximaler Dosen angewandt zu werden. Wie sehr man auch wünschen möge, daß der Krieg zu einem auf Zusammenwirken beruhenden Völkerverkehr den Weg ebne, so hat doch das Bewußtsein der Notwendigkeit, jederzeit kriegsbereit zu sein zu müssen, sich jetzt auch bei denjenigen Völkern fest und unauswischbar eingeprägt, bei welchen es noch nicht oder nur schwach vorhanden war.

Von welcher Seite man es auch betrachtet, hieraus geht hervor, daß der Schlachtruf „gegen den deutschen Militarismus“ nur eine durchsichtige Maske ist, und nichts anderes als einen Kampf gegen Deutschland selbst bedeutet. In dieser zuerst von England ausgegebenen Parole zeigt sich deutlich der eigentliche Zweck des Krieges, welcher in der Frage besteht, ob Deutschland, als stark emporblühende Großmacht, einen ebenbürtigen Platz neben England behaupten können wird. Und in diesem Lichte betrachtet, ergibt sich klar, daß die Ursachen des Weltbrandes überwiegend wirtschaftlicher Art sind.

Man kann dabei, wie mir scheint, allgemeine und besondere Ursachen unterscheiden. Zuerst ein paar Worte über allgemein-wirtschaftliche Ursachen, die eigentlich wenig Bedeutung haben für das Verständnis sowohl dieses Krieges als der Kriege überhaupt. Es sind erstens das kapitalistische System der gesellschaftlichen Gütererzeugung und zweitens das Schutzzollsystem.

Die Sozialisten, die immer geneigt sind, die Fehler und Mängel der menschlichen Gesellschaft unter dem Debet des großen ***Carthago delenda*** des Kapitalismus zu buchen, haben dies auch gleich mit dem Kriege getan. Nun ist sicher wohl bemerkenswert, daß diese Beschuldigung von einer Gruppe herrührt, die sich im gesellschaftlichen wie im staatlichen Leben als äußerst streitbar bekundet hat und deren System, wenn es von irgendeinem Lande durchgeführt würde, gewiß eine ernste Gefahr ausländischer Verwicklungen bildeu würden. Man denke (um nur eins zu erwähnen) an die bestimmt zu erwartenden Maßregeln gegen Lohndruck durch die Länder mit sehr niedrigem Lohnstandard. Doch dies beiseite gelassen: die enormen Verluste, welche die Kapitalisten aller Länder als Folge des Krieges sich gefallen lassen müssen und denen sich nur verhältnismäßig wenige Betriebe (welche Waren für den Kriegsbedarf herstellen) entziehen können, beweisen doch wohl genügend, daß das Kapital keinen Vorteil vom Kriege hat, wohl aber von einer friedlichen Entwicklung des Wirtschaftslebens. Daß der Krieg den Zinsfuß in die Höhe treibt, ist unanfechtbar und von Gewicht für alle, die neugebildetes Kapital produktiv machen können. Aber der Wert aller bestehenden Quellen fester, jedenfalls für gleichmäßige Vergrößerung nicht in Betracht kommender Einnahmen wird durch diese Steigerung verringert. Und was die Vorteile einer im engeren Sinne für den Krieg arbeitenden Industrie anbetrifft, scheint es mir noch fraglich, ob ihr mit dem Zustand eines bewaffneten Friedens (ein unbewaffneter ist einstweilen nur ein Traum) nicht ebensogut oder besser gedient wäre als mit einem mit allerhand Risiko verbundenen Kriege. Man klagt über den Einfluß, der von jener Seite durch die Presse auf die öffentliche Meinung ausgeübt wird. Gibt es dafür nirgends ein Gegengewicht? Und glaubt man wirklich, daß man in diesem Jahrhundert noch Krieg führen kann, ohne daß die Regierung bestimmt weiß, das Volk hinter sich zu haben? Es scheint mir etwas naiv, die 4 Millionen rot stimmenden Deutschen, deren Abgeordnete das Kriegsbudget einstimmig angenommen haben, als unmündige, von Krupp und Helfershelfern betrogene Dummköpfe hinzustellen, oder ihre französischen Parteigenossen, für die dasselbe gilt, als blinde Nachläufer von Schneider-Creusot. Und betrachtet man die gewaltige Stärkung, die die Staatsmacht durch den Krieg erfahren hat und die in den Niederlanden so weit ging, daß eine rein kapitalistische Einrichtung wie die Börse, was ihr Öffnen oder Schließen betrifft, das Zulassen oder Nichtzulassen von Wertpapieren, das Festsetzen der Mindestkurse, sich auf Gnade oder Ungnade dem Finanzminister überliefern mußte, dann ist man vielmehr geneigt, den Krieg eher als den Interessen des Sozialismus dienend anzusehen, als denen des Kapitalismus. Auch deshalb, weil der Krieg unbedingt die Demokratisierung des politischen Lebens in Ländern mit allgemeiner Wehrpflicht fördern wird. Nicht nur in sozialdemokratischen Kreisen betrachtet man nunmehr das veraltete preußische Drei-Klassen-Wahlrecht als auf den Schlachtfeldern im Westen und Osten gefallen.

Etwas anders steht es hinsichtlich des Schutzzollsystems. Sein Ziel, nämlich die wirtschaftliche Hintansetzung des Ausländers gegenüber den Bürgern des eigenen Landes, vermehrt unzweifelhaft die Reibungsflächen, die im internationalen Verkehr bestehen. Nicht ganz mit Unrecht nennt die Devise des Cobdenclubs ***free trade, peace, and goodwill among nations*** in einem Atem. Aber ich glaube, daß man der guten Sache des Freihandels schadet, wenn man übertriebene Erwartungen von ihrem Erfolg hegt. Schutzzoll wurzelt zum Teil in wirtschaftlichen Verirrungen, aber anderenteils auch gerade in jenen Interessengegensätzen der Völker, die unter bestimmten Umständen zum Kriege führen. Unter den Schlachtrufen, womit die Kriegführenden ins Feld gezogen sind, ist, soviel ich weiß, keiner, der den Kampf gegen die Schutzzölle verkündet. Allgemeiner Freihandel wird uns den ewigen Frieden nicht bringen; und es ist sehr zu befürchten, daß nach Beendigung des Krieges das Schutzzollsystem in manchen Ländern gestärkt sein wird. Schon aus völkerpsychologischen Gründen; aber daneben auch wegen der Bedürfnisse der leeren Staatskassen und der Landesverteidigung. Die internationale Atmosphäre wird nicht gleich so sein, daß in Ländern, wo bis jetzt Schutzzoll herrscht, der Ausländer nun gleichberechtigt zugelassen werden wird. Ferner ist, wie England zeigt, Schutzzoll sicher nicht nötig, um beträchtliche Einkünfte aus Einfuhrzöllen zu ziehen. Aber auch Schutzzölle werfen für den Fiskus Nutzen ab, sofern sie nicht prohibitiv wirken. Und schließlich wird England nicht wünschen, noch einmal Gefahr zu laufen, seine überseeische Nahrungsversorgung von einem Feinde bedroht zu sehen. Es wird unzweifelhaft den Getreide- und Obstbau und die Viehzucht auf andere, bessere und für das Volk auch weniger kostspielige Weise fördern können, als Deutschland das durch seinen Zolltarif getan hat. Aber ich kann es dennoch nicht für ausgeschlossen halten, daß England die deutsche Methode einführen wird.

Der Industrielle Lambert aus Charleroi plädiert in einer sehr sympathischen Broschüre für einen Weltkongreß, der die Politik der offenen Tür in allen Kolonien einführen und sicherstellen soll, als ein sicheres Mittel, internationale Gelüste zu beseitigen und einen bleibenden Frieden zu ermöglichen. Von ganzem Herzen würde ich wünschen, daß das Ziel auf eine verhältnismäßig so einfache Weise zu erreichen wäre. Aber ich kann nicht glauben, daß es z. B. den Niederlanden gleichgültig wäre, wenn unter solcher internationaler Aufsicht über die strikte Weiterführung ihrer jetzt schon seit 40 Jahren mit gutem Erfolg befolgten kolonialen Handelspolitik der vollkommenen Gleichstellung niederländischer und fremder Importeure die niederländisch-indischen Kolonien zwischen England und Japan verteilt würden.

Wenn es also nicht die beiden erstgenannten allgemein-ökonomischen Ursachen sind, wodurch das Entstehen dieses Krieges erklärt werden kann, so wurzelt er doch, nach meiner Ansicht, in ökonomischen Gründen besonderer Art. Gewiß nicht in diesen allein. Ein Weltereignis von so gewaltigem Umfang läßt sich natürlich nicht einfach aus bloß e i n e r Art Ursachen erklären. Motive immaterieller oder ideeller Art haben zweifellos einen hervorragenden Anteil an dem Streben

Serbiens, sich, womöglich unter Vereinigung aller Serben zu einem großen Staatsverband, der Oberherrschaft der Donaumonarchie zu entziehen; an dem Wunsche Frankreichs, die Niederlage von 1870 wett zu machen und Elsaß-Lothringen von der deutschen Herrschaft zu befreien; an Rußlands Traum der Wiedereroberung Konstantinopels für die griechisch-orthodoxe Kirche.

Aber auch bei alledem spielen ökonomische Interessen eine sehr hervorragende Rolle; für Serbien der Wunsch nach einem von Ungarn unbehinderten Anteil am Weltverkehr, für welchen Zweck es, nicht zufrieden mit dem Weg über Montenegro, einen eigenen Hafen für unentbehrlich hält; für Rußland ebenfalls der Drang nach einem unbehinderten Zugang zu den großen Wegen des Güterverkehrs, welcher weder während eines Teils des Jahres durch Eis versperrt ist, noch an den Forts eines fremden, von Natur aus nicht befreundeten Staates vorüber führt[1]); und für Frankreich, wo sogar Maurice Barrès in dem ***Echo de Paris*** (siehe den Brief des Pariser Korrespondenten in der ***Nieuwe Rotterdamsche Courant*** vom 29. Dezember 1914) seine Enttäuschung über die Gesinnung der Bevölkerung im Reichsland eingestehen muß[2]),

---

[1]) Der Umstand, daß durch die Besitznahme der Dardanellen dies Ziel nicht erreicht wird, da sie in einen Binnensee münden, wovon die beiden Zugänge, Gibraltar und Port Saîd, in der leicht auszuübenden Herrschaft Englands sich befinden, wird früher oder später die Ursache neuer Kriege werden. Rußlands Wünsche können nur auf Kosten Schwedens und Norwegens befriedigt werden.

[2]) Ist es nicht höchst tragisch, daß die Franzosen zu dieser Einsicht erst mitten in einem neuen Kriege gekommen sind, für dessen Vorbereitung Milliarden von Francs geopfert worden sind? Hinsichlich des Elsaß

ist die Wiedereroberung dieser Landesteile an erster Stelle von ökonomischer und strategischer Bedeutung.

Die hier genannten Interessengegensätze zwischen verschiedenen Staaten hätten gewiß zu örtlichen bewaffneten Zusammenstößen führen können, obwohl die Möglichkeit eines erneuten Krieges um das linke Rheinufer täglich geringer wurde; aber nach meiner festen Überzeugung ist der Weltbrand, der Anfang August ausbrach und die Menschheit in die gewaltigste Krisis gestürzt hat, die je über sie gekommen ist, die Folge des ökonomischen Gegensatzes zwischen England und Deutschland und der darum seit Jahren von England befolgten Politik.

Nach dem Frankfurter Frieden setzte sich die schon seit der Bildung des deutschen Zollvereins anfangende kräftige Zunahme der Bevölkerungszahl und des Wirtschaftslebens in Deutschland in unerhört schnellem Tempo fort. Zwischen 1871 und 1910 stieg die Bevölkerungszahl von 41 auf 65 Millionen, in Großbritannien von 32 auf 45 Millionen und in Frankreich von 36 auf 40 Millionen. Diese Zunahme seiner Bevölkerung, zuletzt mit fast 1 Million Seelen im Jahr, brachte für Deutschland die Notwendigkeit mit sich, wie Caprivi es einmal ausdrückte, entweder Menschen oder Güter auszu-

---

hätte man sie auch auf andere Weise erlangen können. In dem *Journal de la Société de Statistique de Paris* hat vor nicht langer Zeit Huber die Zahlen der deutschen Volkszählung von 1910 veröffentlicht, welche zeigen, daß im Unterelsaß für 3,8, im Oberelsaß für 8,6 und in Lothringen für 22,3 Prozent der Bevölkerung französisch die Muttersprache ist. Ist es ganz undenkbar, daß, wenn Frankreich sich vor diesen von Barrès erwähnten Gefühlsenttäuschungen gehütet hätte, vieles in der politischen Entwicklung der letzten 20 Jahre anders gekommen wäre?

führen. Ohne das erste ganz zu lassen, hat man doch hauptsächlich nach dem zweiten gestrebt, und man stellte sich die gewaltige Aufgabe für die eigenen Erzeugnisse den Weltmarkt zu erobern. Sofern die Erreichung dieses Zieles nicht durch die seit 1879 befolgte Politik der Schutzzölle erschwert wurde, gelang dies dem deutschen Handel und der deutschen Industrie erstaunlich gut, die darin kräftig von der Regierung unterstützt wurden. Innige Verbindung zwischen Wissenschaft und Industrie, zäher Fleiß und Arbeitskraft, vorbildliche Organisation, das war es, was deutschen Handel, Industrie und Schiffahrt förderte. Den Platz, der dem Reiche in der Weltwirtschaft allmählich eingeräumt wurde, hatte es wahrlich nicht einem glücklichen Zufall, sondern ausschließlich eigener Anstrengung zu verdanken.

Der Exporthandel stieg von durchschnittlich 2357 Millionen Mark in der Zeit von 1872—1875 auf 8246 Millionen Mark in der Zeit von 1909—1913, also um 250 Prozent. Zu gleicher Zeit stieg die Ausfuhr Großbritanniens von durchschnittlich 302 auf 559 Millionen Pfund Sterling, oder um reichlich 85 Prozent; die von Frankreich von durchschnittlich 3781 auf 6323 Millionen Francs, das sind beinahe 68 Prozent.

Auch das britische Reich, das seit Ende des 18. Jahrhunderts auf dem Gebiete der Industrie, des Handels und der Schiffahrt unbestritten die Vorherrschaft gehabt hatte, fing an am eigenen Leibe zu spüren, daß ein kraftvoller, gutgerüsteter Nebenbuhler neben ihm erstanden war. Von der deutschen Ausfuhr gingen 1889 für 727 Millionen, 1913 für 1880 Millionen Mark nach England; und während Deutschlands Anteil am ganzen Welthandel von 10,2 Prozent in der Zeit von 1886 bis 1890 auf 12,9 Prozent im Jahre 1912 stieg, ging Englands Anteil in derselben Zeit von 19,6 auf 16,6 Prozent zurück, der von Frankreich von 9,5 auf 9,0 Prozent. Der Augenblick näherte sich mit raschen Schritten, wo die deutsche Ausfuhr die englische absolut übertreffen würde. Im Jahre 1913 betrug die erstere 10097 Millionen, die letztere 10719 Millionen Mark. Gewiß, auf dem Gebiete der Schiffahrt ist England noch immer facile princeps; aber auch hier zeigen die Zahlen, daß der Fortschritt in Deutschland viel schneller vor sich ging als in England. Der Inhalt der Dampferflotte stieg in England in den Jahren 1885—1913 von 4 auf 11 Millionen Registertonnen, also von 100 auf 275 Prozent, in Deutschland von 0,4 auf 2,7 Millionen Tonnen, oder von 100 auf 675 Prozent.

Die Bewegung, von der diese Zahlen zeugen, fand überwiegend ihre Erklärung in dem gewaltigen Aufschwung der deutschen Industrie. Auch hier gebe ich nur einige Zahlen aus der Fülle des Materials. Ich möchte darauf hinweisen, daß die Kohlenproduktion von Großbritannien, welche im Jahre 1887 noch doppelt so groß als die von Deutschland war, von diesem schon 1912 überholt wurde. An Roheisen erzeugte England 1887 7,7, Deutschland 4 Millionen Tonnen; 1912 waren die Zahlen bzw. 9 und 17,6. Noch stärker zeigt sich die Entwicklung der Stahlindustrie: 1887 England 3,2, Deutschland 1,2 Millionen Tonnen, 1912 6,6 und 17,3 Millionen Tonnen.

Die Zahl der Spindeln in den Textilfabriken stieg in Deutschland von 4,2 in 1875 auf 11,4 Millionen in 1914, in Großbritannien von 41,9 (1874) auf 56,0, also bzw. um 171 und 34 Prozent. In anderen Zweigen der Industrie, namentlich in der chemischen Industrie, zeigte sich dasselbe.

Die schnelle Entwicklung des deutschen Wirtschaftslebens

brachte natürlich der Volkswohlfahrt reichen Gewinn, und das deutsche Volksvermögen begann in absoluten Zahlen das englische zu übertreffen; 1913 waren die Zahlen nach zuverlässiger Schätzung 15,5 und 13 Milliarden Pfund Sterling. Wohl ist auf den Kopf der Bevölkerung in England der Reichtum noch ungefähr 25 Prozent größer als in Deutschland; aber demgegenüber ist zu beachten, daß Deutschland in beträchtlich größerem Umfang sein Kapital im eigenen Lande angelegt hat.

Aus den vorhergehenden Beispielen, die leicht noch durch andere zu vermehren sind, geht meines Erachtens deutlich hervor, daß eine ökonomische Gemeinschaft von fabelhafter Expansionskraft neben England entstanden war. Zweifellos war es im Interesse der ganzen Menschheit, daß dies Aufblühen nicht gehemmt würde. Denn auch weit über die Grenzen des eigenen Landes hinaus brachte es Früchte zum Reifen, was ich wohl für die Niederlande nicht besonders nachzuweisen brauche. Jeder, dem wirtschaftliche Theorien nicht ganz fremd sind, weiß, daß der Kampf gegen ein Manko im Budget der Weltwirtschaft (die auf Tausch von Waren und Arbeit beruht) auf dem ganzen Gebiet gefördert wird, wenn irgendwo produktive Energie, die bis dahin latent war oder sich nur unvollkommen offenbaren konnte, zu voller Entwicklung kommt. Und England fand in Deutschland einen seiner besten Kunden, der dadurch, daß er im Jahre 1913 7,8 Prozent seiner Ausfuhr kaufte, den Platz unmittelbar nach den britischen Kolonien und Besitzungen einnahm. Ein kurzsichtiges Urteil lautete aber anders und sah in dem Aufblühen des Nebenbuhlers vor allem Verluste für das eigene Land. Statt durch äußerste Anspannung sowohl auf dem Gebiete der Industrie als auf dem des Handels zu versuchen, das bedrohte Absatzgebiet zu erhalten und zu erweitern, strebte England danach, sein Ziel, die Sicherung seiner Vorherrschaft auf wirtschaftlichem Gebiet, durch Behinderung der Vertriebsmöglichkeiten seines Konkurrenten zu erreichen. Der Merchandise Marks Act vom 23. August 1887, welcher bezweckte, den englischen Abnehmer vor dem Kauf unter englischer Marke eingeführter deutscher Fabrikate zu warnen, hatte gerade das Gegenteil bewirkt und gezeigt, daß allerlei Waren, welche man bisher für rein englische gehalten hatte, aus Deutschland kamen. 1896 kam E. E. Williams mit seinem alarmierenden Büchlein „Made in Germany"; und einige Jahre später, 1903, begann unter Chamberlains kräftiger, suggestiver Führung die Aktion der Tarifreformer, die einen engeren Zusammenschluß zwischen dem Mutterland und den Kolonien anstrebten und dies durch gegenseitige Bevorzugung bei der Einfuhr und durch Erschwerung des Handels fremder Konkurrenten, vor allem Deutschlands, zu erreichen suchten.

Diese Bestrebungen haben bis jetzt bei drei aufeinanderfolgenden Wahlen in England Niederlagen erlitten. Aber sie gewannen doch viele Anhänger, denn das Verlangen, dem deutschen Emporkommen entgegenzuwirken, beherrschte in zunehmendem Maße die englische Politik.

Bismarck, der sich anfänglich dem Plan einer kräftigen Kolonialpolitik gegenüber ablehnend verhielt, fand friedliche Errichtung von Handelsniederlassungen genügend, um dem Reich einen gebührenden Anteil an dem Handel mit den für den Verkehr neu erschlossenen Gegenden der Erde zu sichern. Und als später klar wurde, daß eigene Kolonien hierfür, wenn nicht die einzigen, so doch sehr zweckmäßige Mittel wären, fand Deutschland überall England und Frankreich im Wege. Bei der Verteilung der noch freien Gebiete der Erde hat nicht nur England, sondern vor allem auch Frankreich sein schon ansehnliches Kolonialgebiet noch bedeutend vermehrt. Tunis 1881, Tonkin und das Kongogebiet 1884, Senegal 1889—1893, Dahome und Mauritanien 1893, Madagaskar 1896 wurden hinzugefügt, um von kleineren Stücken nicht zu reden, obwohl die stationäre Bevölkerung des Mutterlandes außerstande ist, die neuen Gebiete zu kräftiger, spontaner Entwicklung zu bringen [1]).

Im Interesse der friedlichen Entwicklung des Welthandels wäre es zu wünschen gewesen, daß Deutschland sich damals von diesem großen Kolonialgebiet, das für Frankreich nicht in letzter Linie eine nie versiegende Quelle zur Ergänzung seiner Armee bildet, einen beträchtlichen Teil hätte sichern können. Jetzt blieben für Deutschland nur verhältnismäßig kleine Stücke von im ganzen geringem Wert übrig. Nur Kiautschou, das ihm jetzt ohne direkten Zusammenhang mit dem europäischen Krieg von Japan entrissen ist, machte eine sehr wertvolle Ausnahme. Ungefähr 15 Jahre ist es in deutschem

---

[1]) Das französische Kolonialgebiet umfaßt, Algier, Marokko und die Sahara nicht mitgerechnet, nach den neuesten Angaben eine Ausdehnung von 2,8 Millionen geographischen Quadratmeilen und eine Bevölkerung von 34,6 Millionen Menschen. Die entsprechenden deutschen Zahlen sind 1 und 12.

Die schnelle wirtschaftliche Entwicklung der deutschen Kolonien, die alle erst in den letzten 30 Jahren erworben worden sind, geht aus der Tatsache hervor, daß der ganze Handelsverkehr der Kolonien 1912 schon 464,5 Millionen Mark betrug, der von dem so viel größeren und älteren französischen Kolonialgebiet — Algier und Marokko ausgenommen — 1856 Millionen Francs, d. i. 1485 Millionen Mark.

Besitz gewesen, und es hatte sich in dieser kurzen Zeit zum Muster einer Handelskolonie entwickelt. Seit 1901 war der Handel auf das elffache gestiegen, und zuletzt erreichte er fast den aller anderen deutschen Kolonien zusammen genommen.

Und selbst da, wo Deutschland, auch ohne unmittelbare Niederlassungen zu beabsichtigen, unaufgeschlossene Länder für den Weltverkehr öffnen wollte, erfuhr es — man braucht nur an die langjährige Geschichte der Bagdad-Bahn zu denken — den mächtigen Widerstand Englands und Frankreichs.

Im Jahre 1904 kam das englisch-französische Abkommen über Afrika zustande, wodurch England, welches fürchtete, daß Deutschland sich einmal an der anderen Seite der Straße von Gibraltar festsetzen könnte, als Gegenleistung für Frankreichs Anerkennung von Englands tatsächlicher Oberherrschaft über Ägypten Frankreichs aktive Mitarbeit mit dem Sultan von Marokko beim Durchführen administrativer, ökonomischer und militärischer Reformen in diesem Reiche gut hieß. Bei dieser Regelung wurde auf Deutschland keinerlei Rücksicht genommen, das doch auch ökonomische Interessen in Marokko hatte. Der Zweck war unwiderleglich der, dem Emporblühen des deutschen Reiches soviel wie möglich entgegenzuarbeiten.

Aber Deutschlands spontane Lebenskraft war stärker als der Druck, der es von außen hemmte. Und als es begann, seine gewaltige festländische Militärmacht, die in diesen Monaten deutlich in die Erscheinung getreten ist, zum Schutze seines schnell emporblühenden Handels und seiner Schiffahrt durch den Bau einer Flotte zu vervollständigen, einer Flotte, von der England wegen ihres geringen Umfanges nicht behaupten konnte, daß sie aggressive Bestimmung habe [1]), da begann neben dem offenen und versteckten Widerstande ein System politischer Einkreisung.

Imperialistisch wie England, in dem Sinne, daß es nach Ausdehnung seiner Grenzen und Bildung eines Weltreichs gestrebt hätte, ist Deutschland nie gewesen. In Europa wünschte es keine Vergrößerung seines Gebietes, und es wußte sehr gut, daß es außerhalb Europas gegen den Willen Englands nichts erobern konnte. Aber England kann nun einmal auf dem Festlande keinen ebenbürtigen Nebenbuhler in Handel und Schiffahrt neben sich dulden, besonders nicht, wenn dieser auch kolonialen Ehrgeiz besitzt. Die Geschichte aller Zeiten lehrt uns dies. Erst wurde im 16. Jahrhundert mit Hollands Hilfe Spaniens Macht gebrochen. Als Holland dann der erste Handelsstaat Europas wurde, kamen die Navigationsakte und von 1652—1674 drei Kriege mit England, welche Holland auf immer zurückdrängten. Hiernach wurde in einer Reihe von Kriegen die französische Vorherrschaft beschnitten und auf dem Schlachtfeld von Waterloo von England für sich erkämpft.

Nun kam die Reihe an Deutschland; und hiernach wird England vielleicht mit Rußland abrechnen müssen, wenn dieses jetzt als Sieger aus dem Kampfe hervorgehen sollte. Natürlich wollte England seinen Zweck, Deutschlands Emporblühen zu verhindern, am liebsten ohne Krieg erreichen. Zu diesem Zwecke benutzte es zweierlei deutsch-feindliche Strömungen in

---

[1]) Sowohl v. Tirpitz wie v. Jagow erklärten sich mit Churchills Vorschlag einverstanden, daß das Verhältnis der großen Linienschiffe 16 : 10 sein sollte.

Europa. Ein Blick auf die Landkarte genügt, um zu sehen, daß Deutschland die Donaumonarchie nicht preisgeben kann, welche der einzige Bundesgenosse ist, auf den es bestimmt rechnen kann, und wo die 12 Millionen Deutsche, die dort wohnen, die an Zahl größte der verschiedenartigen Völkergruppen des Reiches ausmachen. Die Donaumonarchie als starke Großmacht zu erhalten, sich ihrer Freundschaft und Treue zu versichern, und soviel wie möglich ihre auswärtige Politik zu unterstützen: das sind für Deutschland wirklich Lebensinteressen. Und da nun die Balkanpolitik Österreich-Ungarns und Rußlands notwendig auseinandergehen, war das deutsch-österreichische Bündnis nicht mit der Pflege engerer Beziehungen zwischen Deutschland und dem Zarenreich zu vereinigen. Sogar Bismarck konnte sich der Logik dieser Tatsache nicht verschließen, und er hat noch während seiner Kanzlerzeit die ersten französischen Millionen nach Rußland wandern sehen.

Unvermeidlich war es, daß die russische Balkanpolitik, obwohl sie in erster Linie gegen Österreich-Ungarn gerichtet war, eine Rückwirkung auf die Stimmung Rußlands gegen Deutschland hatte, dem es schon verdacht wurde, daß es auf dem Berliner Kongreß (1878) die russischen Interessen nicht genug beherzigt hätte. Schon bald nachher kam man in Rußland auf den Gedanken, engeren Anschluß an Frankreich zu suchen, das vielleicht geneigt sein könnte für die Unterstützung bei einer späteren Revanche für 1870 einen Teil seines großen Reichtums, den Rußland für die Entwicklung seiner unermeßlichen Hilfsquellen dringend brauchte, hinzugeben. 1888 kam die erste französisch-russische Anleihe zustande, der seitdem noch mehr und größere gefolgt sind, so daß der Betrag der russischen Wertpapiere in französischem Besitz auf 20 Milliarden Francs gestiegen ist, — ein finanzielles Bündnis, das sich schnell, schon 1894, zu einem politischen Defensivbündnis auswuchs.

Bei diesen beiden Mächten suchte England Anschluß, den es zuerst bei Frankreich fand. Einen Augenblick drohte Faschoda (1898) die beiden Länder, die einander so oft gegenübergestanden hatten, von neuem in ernsten Konflikt zu bringen; aber Frankreich gab nach, und bald nach dem Regierungsantritt Eduards VII., im Jahre 1901, führten die Unterhandlungen zu der gewünschten Entente, wie 1904 aus dem Marokkovertrag, der die letzten Meinungsverschiedenheiten beseitigte, für jeden deutlich hervorging. Trotz dem Doggerbank-Zwischenfall mit der russischen Armada (1904), der von England mit sehr merkwürdigem Langmut hingenommen wurde, kam, nicht ohne Widerspruch von Blättern, wie z. B. „The Economist", die sehr wohl einsahen, wohin diese Politik schließlich führen mußte, der englisch-russische Vertrag über Persien (1907) zustande, wobei mit einer gewissen Achtung für die Integrität und Selbständigkeit Persiens[1]) dies Reich in drei Teile aufgelöst wurde, wovon der größte, nördliche als russische Einflußsphäre anerkannt wurde, der südliche England zufiel, während der mittlere Teil eine neutrale Pufferzone zwischen den beiden anderen abgeben sollte. Dieses Abkommen ebnete den Weg zu der während des Besuchs Eduards VII. in Reval (1908) auch mit Rußland abgeschlossenen Entente. Schließlich mußte der letzhin unter Rußlands

---

[1]) Man erinnere sich der tapferen, damals auch in der holländischen Presse ausführlich besprochenen Schrift, welche W. Morgan Schuster 1912 unter dem Titel „*The Strangling of Persia*" veröffentlicht hat.

Leitung zustande gekommene Balkanbund den Einfluß, den Österreich-Ungarn auf dem Balkan besaß, neutralisieren und dadurch das Ansehen der Donaumonarchie und indirekt Deutschlands schwächen.

So wurde Deutschland in eine gefährliche Lage gedrängt, die, wie bei einem überbeschwerten Sicherheitsventil einer Dampfmaschine, zu einer Explosion führen mußte. Ein Staat mit einer so starken natürlichen Expansionskraft auf ökonomischem Gebiet kann auf die Dauer nicht ohne Kampf zurückgedrängt werden.

Sicherlich ist Deutschland während der Regierung Wilhelms II. durchweg aufrichtig friedliebend gewesen. Die Regierung wußte sehr wohl, daß das Land, um die Früchte seiner gewaltigen wirtschaftlichen Anstrengungen ernten zu können, vor allem Frieden und Ruhe brauchte, und sie handelte dieser Einsicht gemäß.

Aber natürlich mußte das Reich sich als Großmacht behaupten, mit all dem Ansehen, worauf es Anspruch machen konnte. Und die nicht immer gewinnende Ehrlichkeit seines manchmal schroffen Auftretens und harter Worte, die ihm eigen ist, konnten leicht den Eindruck erwecken, als ob es einen Krieg nicht scheute. So im Jahre 1908, als Rußland die Einverleibung von Bosnien und die Herzegowina (welche der natürliche Abschluß einer 30jährigen wertvollen Kulturarbeit war, deren Erfolg jedem klar wird, der den Zustand dieser Gegenden mit dem von Serbien vergleicht, das doch auch auf dem Berliner Kongreß geboren wurde) zu einem casus belli zu machen drohte und der Kaiser in seiner bekannten schmetternden Rede auf dem Wiener Rathaus von Deutschlands Nibelungentreue sprach, das in schimmernder Wehr neben seinen Bundesgenossen tretend von diesem die Gefahr abgewandt hatte. So auch 1911, als die Art, wie Frankreich die in dem Vertrag von Algeciras festgelegte und 1909 zwischen diesem Land und Deutschland näher umschriebene Politik der offenen Tür praktisch ausführte, zu dem Agadir-Zwischenfall und dem genaueren Abkommen vom November 1911 führte. Aber als Österreich-Ungarn 1913 durch den Wunsch nach Revision des Friedens von Bukarest den europäischen Frieden für einen Augenblick gefährdete, vereitelte Deutschland, obwohl es in Gefahr war, dadurch sein Verhältnis zu dem Bundesgenossen abzukühlen, diesen Wunsch, indem es König Karol die bekannte Depesche des Kaisers übersandte.

Kriegsbereit war Deutschland, wenn man will, schon seit 44 Jahren, obschon man nicht vergessen darf, daß vom Wehrbeitrag des Jahres 1913 im Betrage von einer Milliarde Mark, welcher zur Deckung der Kosten für die Folgen dienen sollte, die aus der Schwächung Österreich-Ungarns durch die jüngsten Ereignisse auf dem Balkan sich ergeben hatten, erst ein Drittel bezahlt war, als der Krieg ausbrach. Das zweite Drittel sollte nach § 51 des Gesetzes vor dem 15. Februar 1915 und das dritte vor dem 15. Februar 1916 entrichtet werden. Ganz bereit in dem Sinne, wie es hätte sein müssen für den Fall eines möglichen Krieges mit zwei oder mehr Fronten, war es also gewiß nicht. Die anderen Mächte aber ebensowenig. Aber kriegsbereit und kriegsbegierig sind Begriffe von ungleichem Inhalt. Wäre Deutschland das letzte gewesen, wie erklärt es sich dann, daß es die günstige Gelegenheit, die sich ihm durch den Faschoda-Zwischenfall oder die russische Revolution nach dem Kriege mit Japan bot, unbenützt vorübergehen ließ, — in dem letztgenannten Krieg sogar Rußlands Rücken deckte? Deutschlands Friedensliebe in allgemeinem Sinne kann in der Tat nicht bezweifelt werden. Sicher bestand diese Gesinnung auch anderswo. Aber weil England die ökonomischen Interessengegensätze zu Deutschland unter Mitwirkung von Frankreich und Rußland auch politisch so sehr verschärft hatte, mußte einmal eine Auseinandersetzung mit den Waffen folgen, wenn auch spätere Geschichtschreiber vielleicht zeigen können, daß sie selbst in den Julitagen von 1914 wohl noch auf kurze Zeit hätte hinausgeschoben werden können [1]). Und nachdem einmal der Mord von Serajewo die Zentralmächte Europas mit Rußland und dem mit ihm verbündeten unglücklichen Frankreich in Konflikt gebracht hatte, war es nur die logische Folgerung [2]) aus der von ihm selbst seit dem 11. Dezember 1905 geleiteten englischen Politik, daß Sir Edward Grey am 1. August (wie aus Stück Nr. 123 des englischen Blaubuchs hervorgeht) sich weigerte, dem Fürsten Lichnowsky die Bedingungen zu nennen, unter welchen England neutral bleiben würde oder ein Neutralitätsversprechen für den Fall abzugeben, daß Bel-

---

[1]) Natürlich läßt sich darüber nicht streiten, daß Deutschland damals, wenn es dies um jeden Preis gewollt hätte, den Krieg hätte vermeiden können. Dafür hätte eine Erklärung in Wien genügt, daß jetzt, wo Rußland mit den Waffen einzugreifen drohte, wenn das serbische Ultimatum nicht zurückgezogen würde, auf Deutschlands Hilfe nicht zu rechnen sei, daß vielleicht sogar die Möglichkeit eines bewaffneten Zusammengehens mit Rußland erwartet werden müsse!!

[2]) Eine Folgerung, für welche drei Mitglieder des englischen Kabinetts, Morley (der Biograph von Cobden und Gladstone, — honest John, wie er in England genannt wird), Trevelyan (der Biograph von Bright) und Burns, der frühere Führer der Arbeiterpartei, die Verantwortung ablehnten.

giens Neutralität nicht verletzt und die Integrität Frankreichs und seiner Kolonien gewährleistet würde. Hierdurch ist schon von vornherein die Behauptung, daß England für das so schwer getroffene und von seinen Bundesgenossen so schwach verteidigte Belgien in den Krieg gegangen sei, als unhaltbar gebrandmarkt. Man hat behauptet, daß Sir Edward Grey in diesem Sinne geantwortet habe, weil er wußte, daß der deutsche Botschafter in dem Augenblick nicht im Auftrag seiner Regierung, sondern nur im eigenen Namen sprach. Diese Darstellung scheint mir psychologisch nicht haltbar. Gerade umgekehrt hätte Grey dann ein Neutralitätsversprechen abgeben können, das die ihm nötig dünkenden Bedingungen enthielt, indem er sich vorbehielt, im Fall einer wahrscheinlichen oder möglichen Verleugnung des Botschafters durch seine Regierung, die Folgerungen zu ziehen, die ihm notwendig oder erwünscht schienen.

So liegen diesem Ringen der Völker tiefgewurzelte Interessengegensätze zugrunde. Und da (wie aus dem merkwürdigen Brief hervorgeht, den der belgische Gesandte in St. Petersburg, de l'Escaille, am 30. Juli an seine Regierung richtete, und der von Deutschland aufgefangen und veröffentlicht wurde, ohne daß seine Echtheit geleugnet ist) die Gewißheit, die Rußland damals bekommen hatte, daß England Frankreich zur Seite stehen würde, für ausschlaggebend gehalten wurde und den Sieg der russischen Kriegspartei gefördert hat, so darf man, meine ich, sagen, daß der Streit zwischen England und Deutschland den Kern des Konfliktes bildet, der schließlich so großen Umfang genommen hat. Für England, das, wie aus dem in London geschlossenen Abkommen über den nur gemeinschaftlich zu schließenden Frieden ersichtlich ist, unter den Alliierten die politische Führung des Krieges übernommen hat, handelt es sich dabei um die unverkürzte Erhaltung seiner Vorherrschaft und die weitere Ausdehnung seines kolonialen Imperiums; für Deutschland vor allem darum, den englischen Bann zu brechen, um die Anerkennung als gleichberechtigte Großmacht im Weltverkehr und um die Vernichtung von Englands unbeschränkter Herrschaft zur See.

Kann man da glauben, daß es im Interesse der kleinen Staaten, besonders derer mit großem Kolonialbesitz, liegt, wenn das deutsche Reich besiegt würde und dadurch für die nächste Zukunft alles Gegengewicht gegen die britische Übermacht wegfiele? Glaubt man, daß die Vereinigten Staaten England und seinem Verbündeten im Osten gewachsen sind? Umgekehrt kann man sich einen Sieg der Zentralmächte nie so vollständig denken, daß England dadurch als Großmacht ausgeschaltet würde. Und wie man annehmen darf, ist es Deutschland in dieser Zeit wohl genügend klar geworden, welchen Wert ein Kreis wirklich unabhängiger neutraler kleiner Staaten zur Erleichterung seiner eigenen Grenzverteidigung hat.

Ganz in Übereinstimmung mit der soeben klargelegten Auffassung über den Kern des Streites ist meiner Meinung nach die Art, wie der Krieg geführt wird. Indem es das eigentliche Kriegshandwerk einstweilen zum allergrößten Teil seinen Bundesgenossen überlassen hat, hat England sich besonders die wirtschaftliche Erschöpfung Deutschlands zur Aufgabe gemacht. Dazu diente gleich zu Anfang des Krieges die Vernichtung der deutschen Kabel; das für seine eigenen Untertanen unter Androhung schwerer Strafen erlassene Verbot auf irgendwelche Weise mit dem Feinde Handel zu treiben oder Zahlungen an ihn zu leisten; die Ausübung des Prisenrechts, das England selber, falls seine Oberherrschaft zur See gebrochen wird, wohl als erster dann alsbald wird abschaffen wollen; die mancherlei Erschwerungen des Handels, welche es mit souveräner Mißachtung der Rechte der Nichtkombattanten und Neutralen zuerst angewandt hat; die Ausdehnung des Begriffes „Bannware" weit über die völkerrechtlich anerkannten Grenzen hinaus. Ich glaube, dies alles sind Maßnahmen, die manchem aufrichtig Neutralen in Skandinavien, den Niederlanden und anderswo den Seufzer ausgepreßt haben werden: Wenn doch der deutsche Flottenbau in schnellerem Tempo und größerem Umfang geschehen wäre! Der Londoner „Economist" ging nicht zu weit, als er in seiner Nummer vom 16. Januar klagte, daß das Kriegsrecht zur See nur noch *„a rag"* genannt werden könne.

Daneben stehen dann noch eine Reihe Maßnahmen, welche den Zweck haben, den Teil des Welthandels, der Deutschland verloren ging, und womöglich noch mehr, für sich selbst zu erobern und die Deutschen, soweit sie im englischen Geschäftsleben sich einen Platz erobert hatten, daraus zu verdrängen. Ich erwähne hier nur die Befreiung der englischen Arbeitgeber von ihren kontraktlichen Verpflichtungen ihrem deutschen Personal gegenüber; die Aufhebung der von Deutschen in England erworbenen Patentrechte für die Dauer des Krieges; und die von der Regierung organisierte Belehrung über die Handelsmarken und Verpackungen, womit die deutschen Waren auf dem Weltmarkt Erfolg hatten.

Diese Handlungsweise zu beurteilen, ist meine Aufgabe nicht, ebensowenig die Beantwortung der Frage, ob England nicht bald merken wird, daß es sich durch sein Vorgehen in dieser Weise ins eigene Fleisch geschnitten und sehr wichtigen englischen Interessen geschadet hat. Wird die Police einer britischen Lebensversicherungsgesellschaft im Ausland nach dem Kriege dasselbe Vertrauen genießen, wie früher, wo sich jetzt zeigt, daß die darauf fälligen Zahlungen an Bürger eines feindlichen Landes nicht entrichtet werden? „The bill on London" galt bisher im internationalen Handelsverkehr, wenn sie mit soliden Unterschriften versehen war, für gleichwertig mit Gold, da man wußte, daß am Fälligkeitstermin die Summe in gelbem Metall dafür ausgezahlt werden würde. Wird dies Zahlungsmittel, dessen Beliebtheit es bewirkte, daß London bis jetzt das bedeutendste Clearinghouse der Welt war, nicht nach dem Kriege einen Teil seiner Anziehungskraft verloren haben, weil England sich jetzt weigert, seine Wechselschulden zu begleichen, wenn an der Transaktion, wodurch sie entstanden sind, Untertanen eines feindlichen Staates beteiligt waren?

So könnte man noch mehr Fragen stellen. Bemerkenswert ist aber, daß das Hauptziel des Krieges, die Erschöpfung Deutschlands, nach dem ersten halben Jahr noch nicht einmal in der Ferne sichtbar zu werden anfängt. Das scheint mir ein neuer und schlagender Beweis für die ungeheuere Entwicklung des Wirtschaftslebens in diesem Lande zu sein. Früher meinte man oft, daß ein moderner Krieg, und noch wohl einer, in den fünf Großmächte und vier kleinere verwickelt sind, unmöglich lange würde dauern können. Ich habe diese Ansicht nie geteilt, wenn auch ein 30jähriger oder nur ein 7jähriger im jetzigen Stil geführter Krieg nicht mehr denkbar ist. In meinem Artikel in der Septembernummer des niederländischen „Ekonomist" habe ich die mögliche Dauer des Krieges mehr eine Frage der Volkspsychologie als der Volkswirtschaft genannt. Und dies ist auch jetzt noch meine Meinung, in der ich seitdem durch die gewonnenen Erfahrungen bestärkt worden bin. Wenn nicht etwa die seit einigen Tagen in der irischen See einsetzende neue Phase des Krieges England die Zufuhr, wenn auch nicht ganz abschneiden, so doch ernstlich bedrohen sollte, wobei Deutschland den zuerst von England befolgten Kriegsplan gegen diesen Feind selber gekehrt hat. In diesem Fall könnte der Krieg aus wirtschaftlichen Gründen ein sehr schnelles Ende finden [1]. Aber von einer Aushungerung Deutschlands kann in der Tat keine Rede sein. Wohl wird eine Zeitlang eine Änderung in seinen Ernährungsgewohnheiten eintreten. Gewiß ist wahr, daß Deutschland ungefähr die Hälfte seines Weizens aus dem Ausland bezieht und die Gerste in noch bedeutend größerem Maße. Doch steht dem allerlei gegenüber.

Erstens, daß der Verbrauch von Weizen und Roggen auf den Kopf der Bevölkerung, bei ungefähr gleichem Fleischverbrauch, in Deutschland etwa 50 Prozent höher ist, als in England. Dies ist eine Folge davon, daß große Mengen Roggen als Viehfutter verbraucht werden. Wenn nötig, kann man durch zeitweise Vermehrung des Schlachtens, mit Herstellung von Dauerwaren sowohl die für die Brotproduktion verfügbare Menge des Getreides vermehren, als auch die

---

[1]) In diesem Zusammenhang gibt es zu denken, daß es schon bei der bloßen deutschen Ankündigung eines Unterseekrieges gegen Handelsschiffe von der britischen Admiralität, ohne Rücksicht auf die dadurch ernstlich bedrohten Interessen der Neutralen, für nötig erachtet wurde, Ratschläge an die Reedereien zu geben, ihre Fahrten fortzusetzen — — — jedoch unter falscher Flagge!

3*

Fleischernährung erhöhen. Ferner ist Deutschland das hauptsächlichste Zuckerexportland von Europa. Jetzt, wo England, der größte Abnehmer des deutschen Zuckers, diesen zurückweist, kann der inländische Verbrauch dieses hervorragenden Nahrungsmittels in Deutschland zunehmen und können die geringeren Qualitäten (Melasse) als Viehfutter verwendet werden. Schließlich muß man bedenken, daß ungeheuere Mengen Gerste regelmäßig in den Bierbrauereien Verwendung finden. Wenn nötig, kann durch Einschränkung der Bierproduktion [1]) auch auf diesem Wege der für andere Zwecke verfügbare Getreidevorrat ansehnlich vermehrt werden.

Gewiß kann niemand leugnen, daß der Krieg auch den Zentralmächten Europas ungeheuer schwere Lasten und riesige Verluste auferlegt. Ich habe in meinem obenerwähnten Artikel im „Ekonomist" die wirtschaftliche Bedeutung des Krieges darin finden zu müssen geglaubt, daß er eine plötzliche gezwungene Verschiebung eines sehr großen Teiles der produktiven Energie der darin verwickelten Länder in der Richtung einer Erzeugung ideeller Güter ist, um welche der Kampf geführt wird, eine Erzeugung, welche, solange die Menschheit keine anderen Mittel zur Erreichung des Kriegszweckes kennt, nur mit Aufopferung von Produktionskosten von sehr besonderer Art und gewaltiger Größe möglich ist. Die Kosten, soweit sie durch Geld zu decken sind, werden an erster Stelle durch den Teil des Volkseinkommens getragen, welchen die Nation zu diesem Zwecke eine Zeitlang entbehren kann und will. Dieser Teil ist in England und Frankreich sehr

[1]) Die inzwischen angeordnet worden ist.

groß, aber in Deutschland sicher nicht geringer, wo das ganze Volk in der Überzeugung lebt, daß es einen ihm aufgezwungenen Verteidigungskrieg führt, in dem es sich um seine Großmachtstellung handelt. Das Volkseinkommen in Deutschland ist nach Helfferich zwischen 1896 und 1913 von 445 auf 642 Mark auf den Kopf der Bevölkerung gestiegen. Es unterliegt keinem Zweifel, daß es jetzt durch den Krieg viel kleiner ist, aber auch von dem Einkommen von 1896 wird, wenn die Not es fordert, noch ein großer Teil zur Verfügung gestellt werden können. Nimmt man nun an, daß der Unterschied zwischen diesen beiden Zahlen den Betrag ausmacht, der dem Dienst des Vaterlandes eine Zeitlang geopfert werden kann, so kommen ungefähr 14 Milliarden Mark heraus, ein Betrag, der natürlich noch durch den Wert der Requisitionen in den besetzten Landesteilen vermehrt wird, insofern diese, vorläufig mit Bons beglichen, erst nach dem Kriege wirklich bezahlt werden müssen. Weiter wird in allen Ländern der Krieg mit allerlei Kreditmitteln bezahlt, Wechseln auf die Zukunft, welche nach dem Frieden, wie immer auch der Krieg endet, auf das Wirtschaftsleben schwer drücken werden. Für die Bereitstellung dieses Kredits ist Deutschland, wo die Reichsbank einen viel größeren Goldvorrat besitzt als die englische (108 bzw. 69 Millionen Pfund Sterling zu Ende Januar 1915), kräftig ausgerüstet[1]). Ich meine, es unterliegt keinem Zweifel, daß Deutschland imstande ist, den Krieg,

[1]) Auch wenn man mit dem Goldvorrat der Privatbanken in England und mit dem Betrag der in Deutschlaud noch im Umlauf ist, rechnet, bleibt sehr wahrscheinlich ein für Deutschland günstiger Unterschied.

Die deutschen Bundesgenossen aber sind in diesem Punkte viel schwächer als die Englands.

dessen direkte Kosten auf ungefähr 7 Milliarden Mark im Quartal geschätzt werden, wenigstens ein Jahr lang auszuhalten, ohne das von Erschöpfung die Rede sein kann.

Und wenn einmal Erschöpfung eintritt, wird diese sich dann nur in Deutschland offenbaren? Werden nicht Frankreich und Rußland, wo reiche Industriegebiete nun schon Monate lang vom Feinde besetzt sind, hiervon das Opfer werden [1])? Vor allem in Rußland, das in diesem Winter von der Außenwelt, auch von seinen Bundesgenossen, ganz abgeschlossen ist, ausgenommen über die für den Bedarf dieses gewaltigen Reiches ganz ungenügenden Eisenbahnenverbindungen über Nordschweden (die jetzt für die Beförderung von Kriegsmaterial geschlossen ist), und über Wladiwostok, wozu in der warmen Jahreszeit auch die Verbindung über Archangel, mit gleichfalls sehr begrenzter Kapazität, hinzugefügt werden kann, ist eine Erschöpfung früher als in Deutschland gar nicht unwahrscheinlich. Die wirtschaftliche Vorbereitung für den Krieg war dort viel unvollkommener. Die Abschließung vom Weltverkehr kommt diesem Reiche insofern zugute, als es

---

[1]) Bemerkenswert ist, auch als Zeichen, daß man Vergleiche über die Verteilung der Vorteile und Nachteile des Krieges nicht mehr Graf Witte überläßt, die Betrachtung des französischen Korrespondenten des englischen „Economist", der in seinem Brief vom 26. Januar 1915, durch von ihm mitgeteilte Zahlen über den starken Rückgang des Ertrages der französischen Steuern und des Umfangs des französischen Handels in 1914 für bewiesen hält, *„how enviable is the position of Great Britain in comparison to that of France .... All over France,"* so klagt er, *„the workers are gone, and in many departments every kind of commercial and industrial activity is at an end, while the transport service is seriously disorganised. Moreover Germany was one of France's best customers"*.

die 1914 unbefriedigend ausgefallene Getreideernte, welche in normalen Zeiten zum großen Teil zur Bezahlung der Zinsen für seine ausländischen Staatsschulden dient, jetzt ganz zu eigenen Zwecken verwenden kann. Aber England, das bis dahin nicht zu den Geldleihern des Zarenreiches gehört hatte, mußte denn auch im Dezember schon 12 Millionen Pfund Sterling für die Einlösung der russischen Januar-Coupons zur Verfügung stellen. Auch möge man nicht vergessen, daß die inneren Zustände Rußlands, welches das einzige Reich ist, wo die Sozialdemokraten die Kriegskredite nicht mit bewilligt haben, immer unsicher sind. Daher war es eine Tat von weiser Fürsorge, daß bei Ausbruch des Krieges ein Alkoholverbot erlassen wurde, eine Maßnahme, welche gut durchgeführt zu werden scheint. Aber sie kostete dem Reich eine Einnahme, die für 1914 auf 936 Millionen Rubel geschätzt war.

Zweifellos sind, wennschon in England von maßgebender Stelle aus vor der Erwartung gewarnt worden ist Deutschlands Geldquellen bald zu erschöpfen, die Kosten des Krieges ungeheuer groß. Die Schätzungen der direkten und indirekten Kriegskosten aller kriegführenden Länder zusammen, unter Inbegriff der Verluste von Handel und Industrie, schwanken zwischen 30 (Wolf) und 51 Milliarden Gulden (Guyot) [1]) im halben Jahr, Zahlen, deren gewaltigen Umfang einem vielleicht am besten klar wird, wenn ich daneben stelle, daß die Kosten des gesamten europäischen Eisenbahnnetzes, die Kunstwerke (Tunnels, Viadukte und Brücken) und die Bahnhofsgebäude mit einbegriffen, sich bis ultimo 1912 auf 66 Mil-

---

[1]) In dessen Berechnung ist der kapitalisierte Wert der verlorenen Menschenleben mit einbegriffen.

liarden Gulden beliefen. Und noch ist das Ende nicht abzusehen!

Dieser Weltkrieg, wie immer er auch enden möge, wird denn auch sicherlich einen jahrelangen Druck auf das Wirtschaftsleben ausüben. Schon die Tatsache, daß die Deckung seiner Kosten zum größten Teil bis nach dem Schluß aufgeschoben wird, muß, wie ich soeben sagte, dazu führen. Ich für meine Person kann nicht an ein schnelles Wiederaufleben der Weltwirtschaft glauben, gleich nachdem eine solche gewaltige Bresche geschossen ist in die männliche Bevölkerung der leistungsfähigsten Altersklassen und in das verfügbare Kapital, welches durch die Zerstörung von Gebäuden, Eisenbahnen, Ländereien, Pferden usw. und durch die einseitige und riesige Zunahme im Verbrauch von allerlei Kriegsmaterialien gelitten hat.

Ja, wenn dies letztere nicht ersetzt werden müßte! Aber gibt es dafür auch nur die geringste Aussicht? Gewiß sind wir Niederländer, wenn ein Übergreifen des Weltbrandes auf unser Gebiet weiterhin verhindert wird, in der Hinsicht dann besser gestellt, als die in den Kampf verwickelten Völker. Aber auch wir sind schwer getroffen, schon dadurch, daß ein großer Teil unserer besten Abnehmer im Ausland an Kaufkraft ungeheuer verloren haben wird. Ich muß gestehen, daß mich von allen Folgen des Krieges fast am meisten die Rückwirkung beunruhigt, die er meiner Meinung nach in den ersten Jahren nach Friedensschluß auf den Umfang und die Verteilung des Volkseinkommens haben wird. Schwere Zeiten stehen uns auf sozialem und wirtschaftlichem Gebiet bevor.

Über die Folgen des Krieges wünsche ich mich jetzt übrigens nicht zu verbreiten. Betrachtungen darüber tragen natürlich einen stark spekulativen Charakter, da weder über die Dauer des Krieges, noch über die Bedingungen, unter denen er enden wird, irgend etwas mit Bestimmtheit zu sagen möglich ist. Es gibt wohlmeinende Patrioten, die schon jetzt von einem europäischen Staatenbund träumen und schreiben, welcher sich auf dem Prinzip der Nationalitäten gründen und als erwünschte Frucht aus diesem Streit hervorgehen soll. Wenn die Verwirklichung eines derartigen Gedankens geraten sollte, würden sich gewiß die weitgehendsten wirtschaftlichen Folgen ergeben. Aber dieses Ideal, dessen Erreichung die Auflösung Rußlands und Österreich-Ungarns (da beide Staaten Konglomerate von allerlei Nationalitäten sind), unter vollkommener Abschließung Österreich-Ungarns von der See und eingreifenden Grenzverschiebungen der genannten Länder und der Balkanstaaten, Italiens, Deutschlands, Frankreichs, Belgiens, der Niederlande und Dänemarks zur Voraussetzung hat, und dessen Verwirklichung das einheitliche Zusammenarbeiten im Dienste höherer Kulturinteressen von denjenigen Völkern verlangt, die jetzt durch Abgründe von Haß geschieden sind, welche die angestrengte Arbeit der besten aller Länder erst nach langen Jahren zu überbrücken hoffen kann, — dies Ideal steht in so hohem Maße außerhalb aller Wirklichkeit, daß ich darauf verzichte, auf die gewaltigen Schwierigkeiten hinzuweisen, die ihm in der Praxis sofort entgegenstehen würden.

Nur dies möchte ich zum Schluß noch sagen. Könnte der Friede, der doch einmal kommen muß, einer werden nicht bloß von negativer Art (Nichtkrieg), sondern wie 1866 von positivem Inhalt; ein Friede, welcher durch die dabei gestellten und angenommenen Bedingungen den Weg bahnt zu einem besseren Verhältnis zwischen wenigstens einigen der Kriegführenden; ein Friede, welcher nicht, durch Zurückdrängung Deutschlands in seine Grenzen von vor 1870 oder noch engere, für die europäische Sicherheit eine neue unmittelbare Gefahr bilden würde; ein Friede schließlich, der durch Beseitigung des Prisenrechts und Herstellung eines besonders auch für kleinere Staaten dringend notwendigen Mächtegleichgewichts zur See, den Keim einer dann möglichen Einschränkung der Waffenrüstungen in sich trüge, dann würde die Schreckensnacht, welche die Menschheit jetzt durchlebt, wenn auch nach einer mühseligen Übergangszeit, sich als Vorläuferin eines verheißungsvollen Morgens erweisen.

Deutsche Kriegsschriften

3. Heft

Von der
Neutralität Belgiens

Von

Dr. phil. et jur. Aloys Schulte
Professor der Geschichte an der Universität Bonn
Geheimer Regierungsrat

Preis 2 M. 40 Pf.

Diese Schrift des bekannten Historikers der Bonner Universität gehört zu dem Wichtigsten, was bisher über Belgiens Neutralität geschrieben worden ist. Der Verfasser erbringt durch Anziehung und eingehende Behandlung **bisher noch nirgends veröffentlichter belgischer und französischer Quellen** den untrüglichen Beweis, daß Belgiens Neutralität schon seit langer Zeit von Belgien selbst im Verein mit Frankreich und England gebrochen worden ist.

Die Kölnische Zeitung schreibt u. a.: Schultes Untersuchung erscheint uns von besonderer Bedeutung, nicht nur wegen der wissenschaftlichen Genauigkeit, mit der sie gearbeitet worden ist, sondern mehr noch wegen der Ergebnisse, die Deutschlands Vorgehen mehr als rechtfertigen.

---

4. Heft

Kontinentalpolitik

Ein Zukunftsbild

Von

einem rheinischen Großindustriellen

Preis 60 Pf.

Professor Franke vom Hamburgischen Kolonialinstitut urteilt über „Kontinentalpolitik, Ein Zukunftsbild" in seiner soeben erschienenen Abhandlung „Deutschland und China" wie folgt: „Das ungemein klare, vorsichtig abwägende Urteil des leider ungenannten, aber vorzüglich unterrichteten Verfassers gibt der Schrift einen großen Wert für die Erfassung der politischen Weltlage und ihrer Umgestaltung durch den Krieg. Seine Ausführungen über China sind so treffend, daß ich geglaubt habe, sie unverkürzt hier wiedergeben zu sollen. Vielleicht tragen sie zur weiteren Verbreitung der ausgezeichneten Schrift bei."

A. Marcus & E. Webers Verlag (Dr. jur. Albert Ahn) in Bonn

Deutsche Kriegsschriften

1. Heft

Warum hassen uns die Völker?

Kriegsbetrachtungen

von

Dr. Magnus Hirschfeld

in Berlin

6.–8. Tausend

Preis 80 Pf.

Unter den vielen seit Beginn dieses Krieges schon veröffentlichten Broschüren und Büchern über die Ursachen des Krieges verdient diese kleine Schrift als eine der lesenswertesten und inhaltsreichsten an erster Stelle genannt zu werden. Es war eine Notwendigkeit, einmal der Frage nachzugehen, warum wir unter allen Völkern der Welt das bestgehaßte sind. Kaum eine andere Frage gibt es, die in der jetzigen Zeit jeden Deutschen so fesseln könnte wie gerade diese, denn nichts anderes als Haß, Neid und Mißgunst sind die eigentlichsten Ursachen dieses schrecklichsten aller Kriege.

Der Verfasser, der sich in allen seinen früheren Veröffentlichungen als hervorragender Kenner der menschlichen Seele erwiesen hat, steigt in die Tiefe der menschlichen Leidenschaften hinab und forscht den Beweggründen nach, die den Einzelnen wie die Massen — die Völker — aufgepeitscht haben. Vor allem natürlich beschäftigt er sich mit England, dem Regisseur dieses Weltkrieges, dem Hort der Furcht vor Deutschland, der Brutstätte der Eifersucht und des Hasses gegen das immer mächtiger aufstrebende benachbarte und verwandte Reich.

In vortrefflicher Weise und in einem überaus flüssigen Stil ist das Thema erschöpfend behandelt und macht dadurch die Lektüre der Broschüre für jeden Deutschen lesenswert.

Reclams Universum 1915, H. 25: Eine psychologisch und geschichtlich sehr interessante Untersuchung, die für jeden Deutschen lesenswert ist.

Nachrichtenblatt der Gesellschaft für hygienische Aufklärung 1915, Nr. 100: Es ist eine fleißige, geistvolle, vergleichende psychologische Studie, an der uns jeder Satz packte, wieder zum Vergleichen und Nachdenken anregend.

A. Marcus & E. Webers Verlag (Dr. jur. Albert Ahn) in Bonn

Deutsche Kriegsschriften
6. Heft

Der Sinn deutschen Kolonialbesitzes

Von

Kurt Wiedenfeld

ord. Professor an der Universität Halle

Preis 80 Pf.

„Weltpolitische Betätigung ist eine eherne Notwendigkeit für unsere Entwicklung als selbständiges, seiner Wesenart sich freudig bewußtes Volk.“ Dieser Grundgedanke zieht sich durch die ganze Schrift. Wir können kein reiner Kontinentalstaat bleiben, wie noch zu Bismarcks Zeiten die vorherrschende Ansicht war, sondern wir müssen ein kolonisierendes Volk werden. Welche unabweisbaren Gründe für diese Notwendigkeit vorliegen, warum für unsere Kolonien bisher so wenig verständnisvolles Interesse und Begeisterung vorhanden war, welche Wege die künftige koloniale Verwaltung und privatwirtschaftliche Tätigkeit einzuschlagen haben werden, wird in der Broschüre erschöpfend behandelt. — Wer aus diesem gewaltigen Völkerringen ein großes, starkes Deutschland mit weltpolitischen Zielen hervorgehen zu sehen hofft und wünscht — und welcher Deutsche täte das nicht! — findet in dieser lesenswerten, anregenden Schrift viele wertvolle neue Gesichtspunkte.

Freisinnige Zeitung vom 4. April 1915: Der Verfasser spricht sich energisch für weltpolitische Betätigung als eine eherne Notwendigkeit für unsere Entwicklung aus. Wir können, so meint er, kein reiner Kontinentalstaat bleiben, wie noch zu Bismarcks Zeiten die vorherrschende Ansicht war, sondern wir müssen ein kolonisierendes Volk werden. Das sucht Wiedenfeld ausführlich zu begründen und zugleich die Richtlinien einer zukünftigen Kolonialpolitik anzugeben.

Literarisches Zentralblatt 1915, Nr. 16: Ein ungemein scharfsinnig geschriebenes Büchlein. Es legt dar, wie in den letzten Jahrzehnten die Auffassung über kolonialen Besitz sich einer Wandlung unterzogen habe und führt mit sicherer Logik zur Erkenntnis der wirtschaftlichen Bedeutung des Kolonialbesitzes sowie zu der Bewertung unserer überseeischen Länder nach politischen Gesichtspunkten. Die Schrift gipfelt in der Anschauung, daß kolonialer Besitz das Volk von selbst zur Weltpolitik erzieht. Namentlich die beherzigenswerten Darlegungen über die Wirkung der Siedelung in überseeischen Besitz auf gewisse Volkskreise daheim möchten wir jedem Leser ans Herz legen. Sie beweisen, daß die Auffassung, man könne eine Kolonie regieren wie ein kleines Dorf, doch allmählich einer klareren Anschauung Platz zu machen beginnt. Das Heftchen kann kolonialen Lesern ernstlich empfohlen werden.

A. Marcus & E. Webers Verlag (Dr. jur. Albert Ahn) in Bonn

Druck: Otto Wigand'sche Buchdruckerei G. m. b. H., Leipzig

FSC
www.fsc.org
MIX
Papier | Fördert gute Waldnutzung
FSC® C083411

Kolibri 360 GmbH
Ferdinand-Jühlke-Straße 7
99095 Erfurt, Deutschland
produktsicherheit@kolibri360.de